Paramahansa Yogananda
(1893 – 1952)

PARAMAHANSA YOGANANDA

DE WET VAN HET SUCCES

———

Hoe je geestelijke kracht kunt gebruiken

om gezondheid, voorspoed en geluk

in je leven te brengen

Self-Realization Fellowship
FOUNDED 1920
Paramahansa Yogananda

Je bent wijs als je God zoekt. Je bent het meest succesvol als je God hebt gevonden.

- Paramahansa Yogananda

DE GODDELIJKE PIONIER

———

Zing liederen die nooit eerder zijn gezongen,

Heb gedachten zoals in geen ander brein
    ontsprongen,

Bewandel paden die nog niemand is gegaan,

Ween voor God zoals geen ander heeft gedaan,

Geef vrede aan hem die nergens vrede vindt,

Noem hem je broeder die door allen wordt
    veracht,

Geef onbegrensde liefde, zie ieder als Gods kind

En voer de strijd van het leven met tomeloze
    kracht.

MIJN GODDELIJKE GEBOORTERECHT

God heeft mij naar Zijn beeld geschapen. Eerst
zal ik Hem zoeken en er zeker van zijn dat ik
echt contact met Hem heb. Laat dan, als het
Zijn wil is, al het andere - wijsheid, overvloed,
gezondheid – mij geschonken worden als
mijn geboorterecht.

Ik wil grenzeloos succes; niet uit aardse bronnen
maar uit de overvloed van Gods almachtige
handen.

De wet van het succes

Is er een kracht die verborgen bronnen van rijkdom kan blootleggen en die schatten onthult waar we nooit van hadden durven dromen? Is er een kracht die we kunnen aanspreken om ons gezondheid, geluk en spirituele verlichting te geven? De heiligen en wijzen van India leren ons dat zo'n kracht bestaat. Ze hebben de doeltreffendheid aangetoond van universele wetten die ook voor jou zullen werken als je ze een eerlijke kans geeft.

Succes in het leven hangt niet alleen af van talent en scholing, maar ook van je wil om de kansen die je krijgt te benutten. Kansen in het leven komen niet toevallig maar worden gecreëerd. Nu of in het verleden (inclusief het verleden van vorige levens) heb je zelf alle kansen gecreëerd die op je pad komen. Je hebt ze verdiend.

Gebruik ze dan ook zo goed mogelijk.

Om de hindernissen op je pad te overwinnen is het belangrijk dat je alle beschikbare middelen en al je aangeboren talenten gebruikt. Op die manier ontwikkel je de krachten die God je heeft gegeven - onbeperkte krachten die voortkomen uit je diepste innerlijk. Je hebt het vermogen gekregen om te denken en te willen. Maak optimaal gebruik van deze goddelijke gaven!

DE KRACHT VAN GEDACHTEN

———

Successen en mislukkingen in je leven hangen nauw samen met je denkpatronen. Welke zijn bij jou het sterkst: gedachten aan succes of gedachten aan mislukking? Als je gedachten doorgaans negatief zijn, is af en toe een positieve gedachte niet voldoende om succes aan te trekken. Als je op de juiste manier denkt zul je je doel bereiken, zelfs als er nergens een lichtpuntje lijkt te zijn.

Jij alleen bent verantwoordelijk voor jezelf. Als de uiteindelijke afrekening komt, kan niemand anders verantwoording afleggen voor je daden. Je werk op aarde kun jij alleen zelf doen – en wel daar waar je bent geplaatst door je karma, dat wil zeggen door je eigen daden uit het verleden. Bovendien kan je werk alleen een ´succes´ worden genoemd als het op de een of andere manier dienstbaar is aan je medemens.

5

Als je een probleem hebt, denk er dan niet voortdurend aan. Laat het af en toe rusten zodat het zichzelf kan oplossen. Zorg er wèl voor dat jij zelf niet zolang rust neemt dat je je scherpte verliest. Gebruik deze rustperiodes liever om de diepe stilte in jezelf op te zoeken. Als je afstemt op je ziel kun je je doen en laten op de juiste manier beoordelen. Dan kun je je gedachten of handelingen weer bijsturen als ze de verkeerde kant opgaan. Door oefening en inzet ontwikkel je dit vermogen om af te stemmen op God.

De wil is de
drijvende kracht

———

Naast positief denken heb je wilskracht en voortdurende inzet nodig om succesvol te zijn. Alles wat zich uiterlijk manifesteert is het gevolg van wilskracht, maar deze kracht wordt niet altijd bewust gebruikt. We onderscheiden mechanische wil en bewuste wil. De drijvende kracht achter al je vermogens is een sterke wil. Zonder wilskracht kun je niet lopen, spreken, werken, denken of voelen. Het is dan ook de bron van alles wat je doet. Deze energie gebruik je altijd – anders zou je fysiek en mentaal volledig passief zijn. Zelfs als je alleen maar je hand beweegt, gebruik je wilskracht. Je kunt niet leven zonder deze wilskracht.

Met mechanische wil wordt bedoeld dat je je wilskracht onbewust gebruikt. Bewuste wil daarentegen is de drijvende kracht achter onze vastberadenheid en inzet. Het is een kracht waar je verstandig mee om moet gaan. Leer jezelf aan om niet je mechanische, maar je bewuste wil te gebruiken en zorg dat je je wilskracht constructief gebruikt, en niet voor negatieve doeleinden of om nutteloze dingen te verkrijgen.

Dynamische wilskracht kun je ontwikkelen. Neem het besluit iets te doen wat je dacht niet te kunnen. Begin met eenvoudige dingen. Als je zelfvertrouwen en je wil sterker worden kun je je gaan richten op moeilijkere zaken. Wees er zeker van dat je een goede keuze gemaakt hebt en weiger vervolgens om op te geven. Richt al je wilskracht op één ding tegelijk. Versnipper je energie niet en laat iets niet half afgemaakt liggen om aan iets nieuws te beginnen.

JE HEBT JE LOT IN EIGEN HAND

———

Alles wordt door de geest gecreëerd. Stuur je gedachten daarom zó dat er alleen goede dingen uit voortkomen. Als je met dynamische wilskracht vasthoudt aan een bepaalde gedachte zal deze uiteindelijk een tastbare vorm aannemen. Als je in staat bent om je wil altijd voor constructieve doelen in te zetten neem je het lot in eigen hand.

Ik heb nu drie belangrijke manieren genoemd om je wil dynamisch te maken: 1. Kies een eenvoudig doel dat je nog niet eerder hebt bereikt en neem je vast voor deze keer niet op te geven. 2. Zorg dat je doel constructief en haalbaar is en weiger te denken aan mislukking. 3. Richt je op één doel en gebruik al je vaardigheden en benut al je kansen om dit doel te bereiken.

Diep van binnen moet je er wel zeker van zijn

dat wat je wilt het juiste voor je is en in overeen-stemming met Gods bedoelingen. Dan kun je al je wilskracht gebruiken om je doel te bereiken terwijl je voortdurend gericht blijft op God - de Bron van alle kracht en succes.

ANGST PUT JE VOLLEDIG UIT

In de menselijke hersenen ligt de levensenergie opgeslagen. Deze energie wordt voortdurend gebruikt bij spierbewegingen; bij de werking van het hart, de longen en het middenrif; bij de stof-wisseling in de cellen en de opname van stoffen in het bloed; bij de werking van het motorische en sensorische zenuwstelsel. Daarnaast is een enorme hoeveelheid levensenergie nodig voor alle denkprocessen, de emoties en de wil.

Angst doet een aanslag op je levensenergie;

het is een van de grootste bedreigingen voor onze dynamische wilskracht. Normaal gesproken stroomt de levensenergie gelijkmatig door de zenuwen. Angst perst de levensenergie uit de zenuwen waardoor ze als het ware verlammen. De vitaliteit in het hele lichaam neemt hierdoor af. Angst helpt je niet om te ontkomen aan datgene waar je bang voor bent. Het verzwakt alleen maar je wilskracht. Ingegeven door angst sturen de hersenen een remmende boodschap naar alle organen. Angst trekt het hart samen. Het belemmert de spijsvertering en veroorzaakt allerlei andere lichamelijke klachten. Als je bewustzijn op God gericht blijft, zul je vrij zijn van angst en kun je elke hindernis met moed en vertrouwen overwinnen.

Een 'wens' is een *verlangen zonder energie*. Een wens kan een 'intentie' worden. Een intentie is een plan dat je wilt uitvoeren, een wens die je wilt vervullen. Maar 'wil' betekent: 'Ik ga net zolang door tot mijn wens is vervuld.' Als je wilskracht gebruikt komt de kracht van de levensenergie tot je beschikking. Dit gebeurt niet als je alleen een passieve wens hebt iets te bereiken.

GEBRUIK MISLUKKINGEN OM JE DOORZETTINGSVERMOGEN TE ONTWIKKELEN

Zelfs een mislukking zou je moeten gebruiken om je wilskracht en je materiële en spirituele ontwikkeling te stimuleren. Als een project is mislukt is het goed de situatie grondig te analyseren om uit te sluiten dat je in de toekomst dezelfde fouten maakt.

De beste tijd om succes te zaaien is na een mislukking. De gebeurtenissen in het leven kunnen je behoorlijk raken, maar laat de moed nooit zakken. Hoe vaak je ook hebt gefaald, probeer het altijd *nog een keer.* Vecht door als je denkt dat je niet meer verder kunt of als je denkt dat je al tot het uiterste bent gegaan. Blijf vechten totdat je inspanningen worden beloond. Een kort verhaal zal dit punt verduidelijken.

A en B waren aan het vechten. Na verloop van tijd dacht A bij zichzelf: 'Ik kan niet meer.' Maar B dacht: 'Nog één klap', en toen hij die gaf viel A op de grond. Zorg dat jij degene bent die volhoudt en de beslissende klap uitdeelt. Met de onoverwinnelijke kracht van de wil kun je alle moeilijkheden in het leven het hoofd bieden.

Elke nieuwe poging die je na een mislukking doet zorgt voor werkelijke groei. Maar bereid je poging goed voor en voer deze uit met steeds sterkere focus en met dynamische wilskracht.

Ook al zou je tot nu toe hebben gefaald, dan nog is het dwaas om de moed op te geven en mislukking te accepteren als het vonnis van het 'lot'. Het is beter strijdend ten onder te gaan dan op te geven zolang je nog iets meer zou kunnen bereiken. Zelfs als de dood zich aandient zul je in een volgend leven de strijd moeten hervatten. Succes of mislukking is het logische gevolg van alles wat je in het verleden hebt gedaan, *plus* wat je nu doet. Daarom is het goed je sluimerende herinneringen aan succeservaringen uit vorige levens te stimuleren. Daarmee blaas je deze herinneringen nieuw leven in totdat ze zo sterk zijn dat ze elke gedachte aan mislukking in dit leven overstemmen.

Iemand die succesvol is heeft misschien met grotere problemen te maken gehad dan iemand die heeft gefaald. Het verschil is dat een succesvol persoon heeft geleerd om niet te denken in termen van mislukking. Verschuif je aandacht van mislukking naar succes, van getob naar kalmte, van verstrooidheid naar concentratie, van rusteloosheid naar vrede en van vrede naar innerlijke vreugde. Als je deze toestand van Zelfrealisatie hebt bereikt is het doel van je leven glorieus vervuld.

Het belang van
introspectie

———

We stimuleren onze ontwikkeling ook door onszelf te analyseren. Introspectie is een spiegel waarin we de uithoeken van ons bewustzijn zien die anders voor ons verborgen zouden blijven. Stel vast welke fouten je hebt gemaakt en onderzoek je goede en slechte neigingen. Analyseer wat je bent, wat je wilt worden en welke tekortkomingen je belemmeren. Besluit wat jouw werkelijke opdracht, jouw levensmissie is. Streef ernaar te worden wat je zou moeten zijn en wat je wilt zijn. Wees je steeds bewust van God en stem je af op Zijn wil. Je zult merken dat je met steeds meer overtuiging voortgaat op je pad.

Jouw uiteindelijke doel is je weg naar God terug te vinden, maar je hebt ook een opdracht te vervullen in de wereld. De combinatie van wilskracht en initiatief zal je helpen om die opdracht te herkennen en te vervullen.

INITIATIEF:

JE CREATIEVE VERMOGEN

———

Wat is initiatief? Het is het creatieve vermogen in je, een vonk van de Oneindige Schepper. Hiermee kun je iets tot stand brengen wat volstrekt nieuw is. Het spoort je aan om dingen op een nieuwe manier te doen. De prestaties van iemand met initiatief kunnen net zo spectaculair zijn als een vallende ster. Doordat hij iets lijkt te creëren uit niets laat hij zien dat het schijnbaar onmogelijke mogelijk kan worden als je de scheppende kracht van God gebruikt.

Door initiatief kun je vrij en onafhankelijk op

je eigen benen staan. Het is een van de kenmer-
ken van succes.

ZIE HET BEELD VAN GOD
IN ALLE MENSEN

———

Veel mensen zien hun eigen fouten door de
vingers maar oordelen hard over anderen. Laten
we deze houding omdraaien en de tekortkomingen van anderen door de vingers zien maar scherp
naar onze eigen fouten te kijken.

Soms is het nodig anderen te analyseren.
Het is dan van belang onbevooroordeeld te zijn.
Een geest die niet vooringenomen is, is als een
heldere spiegel, bewegingloos, niet heen en weer
geslingerd door snelle oordelen. Zo is in die spiegel het zuivere beeld te zien van elk mens.

Leer God in alle mensen te zien, ongeacht

hun ras of geloof. Je zult pas weten wat goddelijke liefde is als je je eenheid met alle mensen begint te voelen. Als we dienstbaar zijn aan elkaar, vergeten we het kleine zelf en vangen we een glimp op van het ene onmetelijke Zelf dat alle mensen verenigt.

DENKPATRONEN BEPALEN
JE LEVEN

Hoe lang jouw weg naar succes is hangt af van je gewoonten.

Het zijn niet zozeer je ingevingen of briljante ideeën die je leven bepalen, maar je dagelijkse denkpatronen.

Denkpatronen zijn als magneten die bepaalde dingen, mensen en omstandigheden aantrekken. Positieve gedachten trekken goede dingen en kansen aan. Negatieve gedachten brengen je in contact met materieel ingestelde mensen en ongunstige omstandigheden.

Maak de kracht van een slechte gewoonte steeds zwakker door alles te vermijden wat deze gewoonte heeft veroorzaakt of versterkt. *Pas op dat je niet juist je aandacht richt op dat wat je probeert te vermijden.* Richt je aandacht liever op een goede gewoonte en versterk deze totdat je je deze gewoonte helemaal hebt eigengemaakt.

Er zijn twee krachten in ons die voortdurend met elkaar strijden. De ene zet ons aan tot dingen die we beter niet kunnen doen. De andere spoort ons aan om de juiste dingen te doen, de dingen die moeilijk lijken. De ene stem is de stem van het kwaad, de andere de stem van het goede, of God.

Door de moeilijke lessen die je dagelijks krijgt, zul je op een gegeven moment duidelijk zien dat je slechte gewoonten voeding geven aan eindeloze materiële verlangens en dat goede gewoonten je spirituele ambities voeden. Richt je aandacht steeds meer op het ontwikkelen van je spirituele ambities tot je op zekere dag de vruchten ervan kunt plukken in de vorm van Zelfrealisatie.

Je boekt echt spirituele vooruitgang als je in staat bent jezelf te bevrijden van alle slechte gewoonten. Bovendien moet je in staat zijn het goede te doen omdat je goed wilt doen en niet alleen om de onaangename gevolgen van verkeerd gedrag te vermijden.

Je bent pas echt vrij als je je slechte gewoonten achter je hebt gelaten. Je bent pas een echte meester, als je jezelf volledig in de hand hebt en in staat bent dat te doen wat je moet doen, ook al heb je er misschien geen zin in. *In dat vermogen tot zelfbeheersing ligt het zaad van eeuwige vrijheid.*

Ik heb nu een aantal belangrijke succesfactoren genoemd: positief denken, dynamische wil, introspectie, initiatief en zelfbeheersing. Veel populaire boeken benadrukken een of meerdere daarvan, maar gaan voorbij aan de onderliggende goddelijke kracht. *Om succesvol te zijn is het van het grootste belang dat je afstemt op Gods wil.*

Gods wil is de drijvende kracht in de hele kosmos. Door Gods wil zijn de sterren de ruimte in geslingerd. Het is Zijn wil die de planeten in hun baan houdt en die de cyclus van geboorte, groei en verval in alle levensvormen in stand houdt.

DE KRACHT VAN DE GODDELIJKE WIL

De goddelijke wil kent geen grenzen. Gods wil werkt door bekende en onbekende, verklaarbare en ogenschijnlijk wonderbaarlijke wetten. De goddelijke wil kan de loop van het lot veranderen, de doden opwekken, bergen in zee werpen en nieuwe zonnestelsels scheppen.

De mens, als beeld van God, bezit ook die

wilskracht die alles tot stand brengt. Het is onze belangrijkste opgave om met behulp van juiste meditatie* te ontdekken hoe we in overeenstemming kunnen leven met Gods wil.

Als onze menselijke wil wordt geleid door verkeerde inschattingen, komen we op een dwaalspoor terecht. Maar geleid door wijsheid is onze wil afgestemd op de goddelijke wil. Het plan dat God met ons heeft wordt vaak overschaduwd door de tegenstrijdigheden van het menselijk leven. Hierdoor verliezen we de innerlijke leiding die ons behoedt voor onnoemelijk lijden.

Jezus zei: "Uw wil geschiede." Gods wil wordt geleid door wijsheid. Als de mens zijn wil hierop

---

* Meditatie is die bijzondere vorm van concentratie waarin de aandacht door wetenschappelijke yogatechnieken is vrijgemaakt van de rusteloosheid van de lichaamsgerichte bewustzijnstoestand, en volledig op God geconcentreerd wordt. De *Self-Realization Fellowship Lessons* geven gedetailleerde instructies in deze wetenschappelijke vorm van meditatie. (*Noot van de uitgever*)

afstemt, gebruikt hij goddelijke wil. De wijzen uit het oude India hebben meditatietechnieken ontwikkeld die ieder mens in staat stellen om volmaakte overeenstemming te bereiken met de wil van de Hemelse Vader.

UIT DE OCEAAN VAN OVERVLOED

Zoals alle kracht ligt in Gods wil, zo komen alle spirituele en materiële gaven voort uit Zijn onbegrensde overvloed. Om Zijn gaven te ontvangen moet je elke gedachte aan beperking of tekort uitbannen. Het Universele Bewustzijn is volmaakt en kent geen gebrek. Om toegang te hebben tot die onuitputtelijke voorraad moet je een bewustzijn van overvloed hebben. Wees niet bang voor wat er komen gaat, zelfs als je niet weet waar je geld vandaan moet komen. Als je doet wat je moet doen en erop vertrouwt dat God Zijn deel doet, zul je merken dat ongekende krachten je te hulp komen. Het zal niet lang duren of je positieve wensen worden werkelijkheid. Door meditatie ontwikkel je dit vertrouwen en dit bewustzijn van overvloed.

God is de bron van alle mentale kracht, vrede en voorspoed. *Maak daarom eerst contact met God voordat je iets wilt en tot actie overgaat.* Op die manier kun je je wil en daadkracht inzetten om de hoogste doelen te bereiken. Je kunt niet uitzenden via een defecte microfoon. Zo kun je ook geen gebeden versturen via een mentale microfoon die gestoord wordt door rusteloosheid. Door diepe kalmte kun je je mentale microfoon repareren en je intuïtieve ontvankelijkheid verhogen. Zo zul je erin slagen berichten aan God te sturen en Zijn antwoorden te ontvangen.

De weg van meditatie

Als je je mentale radio hebt gerepareerd en bent afgestemd op positieve vibraties, hoe kun je die dan gebruiken om God te bereiken? Door op de juiste manier te mediteren.

Door de kracht van concentratie en meditatie kun je het onuitputtelijke vermogen van je geest zo sturen dat je bereikt wat je wilt en jezelf beschermt tegen mislukkingen. Succesvolle mensen besteden veel tijd aan diepe concentratie. Ze zijn in staat om in de diepte van hun geest de mooiste oplossingen te vinden voor de problemen die ze tegenkomen. Leer je af te sluiten van alles wat afleidt en je op één onderwerp te concentreren. Dan zal ook jij ontdekken hoe je op elk gewenst moment alles wat je nodig hebt naar je toe kunt trekken.

Ga, voordat je begint aan iets belangrijks, eerst rustig zitten, breng je zintuigen en gedachten tot rust en mediteer diep. Je wordt dan geleid door de grote scheppende kracht van God. Gebruik vervolgens al de materiële middelen die nodig zijn om je doel te bereiken.

Je hebt in het leven alleen die dingen nodig die je helpen om je belangrijkste doel te verwezenlijken. Alles wat je wilt hebben, maar niet echt nodig hebt, kan je van dat doel afleiden. Om succes te hebben moet je alles ondergeschikt maken aan je voornaamste doel.

DE MAATSTAF VOOR SUCCES IS GELUK

Vraag jezelf eens af of je succesvol bent als je doel is bereikt. Wat *is* succes eigenlijk? Als je gezond en rijk bent maar met iedereen (inclusief jezelf) overhoop ligt is je leven geen succes. Het leven wordt zinloos als je geen geluk kunt vinden. *Als je je rijkdom verliest, dan verlies je maar weinig; wanneer je je gezondheid verliest, dan verlies je iets van grotere waarde; maar wanneer je je innerlijke vrede verliest, dan heb je de grootste schat verloren.*

Daarom is de echte maatstaf voor succes jouw geluk; de mate waarin je erin slaagt te leven in harmonie met de kosmische wetten. Je kunt succes niet afmeten aan de wereldse normen van rijkdom, prestige en macht. Die brengen je allemaal geen geluk tenzij ze op de juiste manier worden gebruikt. Daar is wijsheid voor nodig en liefde voor God en de medemens.

God beloont of straft je niet. Hij heeft je het vermogen gegeven om jezelf te belonen of te straffen door de manier waarop jij zelf je verstand en wilskracht gebruikt. Als je de wetten van gezondheid, voorspoed en wijsheid overtreedt is het onvermijdelijk dat je zult lijden door ziekte, armoede en onwetendheid. Maak je geest sterker en weiger gebukt te gaan onder mentale en morele zwakheden die je in het verleden hebt ontwikkeld. Verbrand ze nu in het vuur van je spirituele voornemens en juist gedrag. Door deze constructieve houding zul je vrijheid vinden.

Geluk hangt tot op zeker hoogte af van uiterlijke omstandigheden, maar voornamelijk van je eigen houding. Om gelukkig te zijn heb je een goede gezondheid nodig, een evenwichtige geest, een welvarend leven, het juiste werk, een dankbaar hart, en vooral wijsheid oftewel kennis van God.

Het helpt als je vastbesloten bent om gelukkig te zijn. Wacht niet totdat je omstandigheden veranderen in de veronderstelling dat daarmee je problemen worden opgelost. Je moet er geen vaste gewoonte van maken ongelukkig te zijn. Daarmee belast je jezelf en je omgeving. Het is een zegen voor jezelf en anderen als je gelukkig bent. Je bezit alles als je geluk bezit. Je bent dan op God afgestemd. Meditatie geeft je het vermogen gelukkig te zijn.

Maak gebruik van de kracht van God

Zet de kracht die je al hebt in voor constructieve doelen en je zult sterker worden. Ga vastberaden door het leven en gebruik alle eerder genoemde middelen om succes te bereiken. Stem jezelf af op de scheppende kracht van God. Je staat dan in contact met de Oneindige Intelligentie die je kan leiden en alle problemen kan oplossen. Uit

de dynamische Bron van je wezen zal ononder-
broken kracht stromen zodat je op elk terrein
creatief kunt zijn.

Ga rustig zitten en word stil van binnen voordat je een belangrijke beslissing neemt en vraag
de Vader om Zijn zegen. Dan werkt Gods kracht
door jouw kracht; Gods geest door jouw geest;
en Zijn wil door jouw wil. Als God met je samen-
werkt, kan er niets misgaan; alle vermogens die
je hebt zullen sterker worden. Als je je werk doet
om God te dienen, zul je Zijn zegen ontvangen.

Verontschuldig je niet als je werk in dit leven
eenvoudig is. Wees trots dat je de taak vervult die
de Vader je heeft gegeven. Hij heeft jou nodig op
precies deze plek; niet iedereen kan dezelfde rol
spelen. Zolang je werkt voor God werken alle kosmische krachten samen om je te ondersteunen.

Als je God ervan overtuigt dat je naar Hem
verlangt boven al het andere, ben je afgestemd

op Zijn wil. Als je Hem blijft zoeken, ongeacht de obstakels die zich voordoen om je af te leiden, dan gebruik je je menselijke wil op de meest constructieve manier. Zo gebruik je de wet van het succes die al bekend was bij de oude wijzen en die alle werkelijk succesvolle mensen hebben begrepen. De goddelijke kracht is van jou als je vastbesloten bent deze in te zetten om gezondheid, geluk en vrede te bereiken. Als je deze doelen omarmt volg je het pad van Zelfrealisatie naar je echte thuis in God.

Affirmatie

———

Hemelse Vader, ik zal denken, ik zal willen, ik zal handelen, maar leidt U mijn denken, willen en handelen opdat ik altijd het juiste doe.

Over de auteur

Paramahansa Yogananda (1893-1952) wordt algemeen beschouwd als een van de meest vooraanstaande spirituele leiders van deze tijd. Hij werd geboren in Noord- India en kwam in 1920 naar de Verenigde Staten. Gedurende de volgende dertig jaar schreef hij boeken, gaf lezingen door het hele land en richtte talrijke tempels en meditatiecentra van Self-Realization Fellowship op. Mede hierdoor nam in het Westen het bewustzijn van en de waardering voor de spirituele wijsheid van het Oosten toe. Door zijn veelgeprezen levensverhaal *Autobiografie van een yogi,* zijn vele andere boeken, en zijn uitgebreide serie lessen voor thuisstudie, maakten miljoenen mensen kennis met India's eeuwenoude wetenschap van meditatie en technieken om een evenwichtig welzijn van lichaam, geest en ziel te bereiken. Self-Realization Fellowship zet zijn spirituele en humanitaire werk voort onder leiding van Sri Mrinalini Mata, een van zijn naaste volgelingen. Self-Realization Fellowship is de internationale organisatie die hij in 1920 heeft opgericht om zijn leer wereldwijd te verspreiden.

Ook van Paramahansa Yogananda

Verkrijgbaar bij de boekhandel of via
www.yogananda-srf.org

Autobiography of a yogi

Autobiografie van een yogi
(vertaling van: *Autobiography of a Yogi*)

Autobiography of a Yogi
(audioboek, voorgelezen door Ben Kingsley)

God Talks With Arjuna: *The Bhagavad Gita
– A New Translation and Commentary*

The Second Coming of Christ:
*The Resurrection of the Christ Within You –
A Revelatory Commentary on the Original
Teachings of Jesus*

The Collected Talks and Essays
Volume I: **Man's Eternal Quest**
Volume II: **The Divine Romance**
Volume III: **Journey to Self-Realization**

Wine of the Mystic:
*The Rubaiyat of Omar Khayyam
– A Spiritual Interpretation*
An inspired commentary that brings to light the
mystical science of God-communion hidden behind
the Rubaiyat's enigmatic imagery

De wetenschap van religie
(vertaling van: *The Science of Religion*)

Whispers from Eternity
A collection of Paramahansa Yogananda's prayers
and divine experiences in the elevated states
of meditation

Songs of the Soul
Mystical poetry by Paramahansa Yogananda

Sayings of Paramahansa Yogananda
A collection of sayings and wise counsel that conveys
Paramahansa Yogananda's candid and loving respon-
ses to those who came to him for guidance

Scientific Healing Affirmations
Paramahansa Yogananda presents here a profound
explanation of the science of affirmation

Where There Is Light:
Insight and Inspiration for Meeting Life's Challenges

Inner Peace:
How to Be Calmly Active and Actively Calm

In the Sanctuary of the Soul:
A Guide to Effective Prayer

Living Fearlessly:
Bringing Out Your Inner Soul Strength

Why God Permits Evil and How to Rise Above It

How You Can Talk With God

Metaphysical Meditations
More than 300 spiritually uplifting meditations,
prayers, and affirmations

To Be Victorious in Life

Cosmic Chants
Words (English) and music to 60 songs of devotion,
with an introduction explaining how spiritual
chanting can lead to God-communion

The Yoga of the Bhagavad Gita:
*An Introduction to India's Universal Science
of God-Realization*

The Yoga of Jesus:
Understanding the Hidden Teachings of the Gospels

Een complete catalogus van boeken en audio/video-
opnames – waaronder zeldzame archiefopnames van
Paramahansa Yogananda – is beschikbaar op aan-
vraag of via *www.yogananda-srf.org*

Self-Realization Fellowship Lessen

In de *Self-Realization Fellowship Lessen* worden Paramahansa Yogananda's wetenschappelijke meditatietechnieken aangeboden, waaronder *Kriyayoga*. Daarnaast geeft Paramahansa Yogananda adviezen over alle
aspecten van een evenwichtig spiritueel leven. Voor
meer informatie kun je het gratis introductieboekje
Undreamed-of Possibilities aanvragen op onderstaand
adres.

Self-Realization Fellowship
3880 San Rafael Avenue
Los Angeles, CA 90065-3219
Tel 001(323) 225-2471 • Fax 001(323) 225-5088

www.yogananda-srf.org

Doelstellingen en Idealen
van
Self-Realization Fellowship

zoals opgesteld door Paramahansa Yogananda
Sri Mrinalini Mata, President

Mensen over de hele wereld vertrouwd te maken met duidelijk omschreven, wetenschappelijke technieken die leiden tot directe, persoonlijke Godservaring.

Mensen te leren dat het doel van het leven is: met eigen inzet het beperkte, sterfelijke bewustzijn te verruimen tot Godsbewustzijn. Met dit doel wereldwijd tempels van Self-Realization Fellowship op te richten, waar mensen zich met God kunnen verbinden. De mensen aan te sporen om in hun eigen huis en hart een tempel van God te vestigen.

Te laten zien dat het oorspronkelijke christendom, zoals door Jezus Christus onderwezen, overeenstemt met de oorspronkelijke yoga, zoals door Bhagavan Krishna onderwezen. Aan te tonen dat die gemeenschappelijke waarheid de wetenschappelijke basis vormt van alle religies.

Mensen de ene goddelijke hoofdweg te wijzen waar alle ware godsdiensten uiteindelijk samenkomen: het pad van dagelijkse, wetenschappelijke meditatie gericht op God.

Mensen te bevrijden uit hun drievoudige lijden: lichamelijke ziekte, mentale onevenwichtigheid en spirituele onwetendheid.

Mensen aan te sporen tot eenvoudig leven en hooggestemde gedachten. De geest van ware broederschap over de hele wereld te verspreiden door de mensen te wijzen op de eeuwige basis van hun eenheid: verbondenheid met God.

Aan te tonen dat de geest sterker is dan het lichaam, en de ziel sterker dan de geest.

Het kwade te boven komen door het goede, verdriet door vreugde, wreedheid door zachtmoedigheid, onwetendheid door wijsheid.

Wetenschap en religie te verenigen vanuit het besef dat ze op dezelfde principes berusten.

Cultureel en spiritueel begrip tussen het Oosten en het Westen te bevorderen en hun mooiste eigenschappen uit te wisselen.

Dienstbaar te zijn aan de mensheid als zijn Hogere Zelf.